Entre Deux Rives

Recueil de Poèmes

Par Diego Rodrigues

© 2025 Diego Rodrigues
Édition : BoD · Books on Demand,
31 avenue Saint-Rémy, 57600 Forbach,
bod@bod.fr
Impression : Libri Plureos GmbH,
Friedensallee 273, 22763 Hamburg
(Allemagne)
ISBN : 978-2-3226-1346-5
Dépôt légal : Mai 2025

Avant-propos

Les poèmes qui suivent sont le reflet de ma quête intérieure, un voyage entre deux mondes, deux rives. Ces vers ne parlent pas uniquement de paysages physiques ou géographiques, mais de mondes intérieurs, de souvenirs et de sensations partagées, d'émotions vécues, parfois à travers des rencontres fugaces, parfois au travers de réflexions plus profondes, qui nous façonnent et nous unissent.

Je dois admettre que la poésie n'a jamais été mon thème de prédilection. Pourtant, c'est un défi que j'ai choisi d'accepter, sans vraiment savoir où cela me mènerait. Ce recueil représente pour moi une exploration intime, une manière de me découvrir et de me donner pleinement à l'écriture. J'ai mis tout mon cœur et ma passion dans chaque vers, pour vous, lecteurs, mais surtout pour moi-même, comme une quête de sens à travers les mots.

J'ai choisi de présenter 40 poèmes. Ce nombre n'est pas anodin ; il est profondément symbolique. Dans la tradition biblique, 40 représente un temps de transformation, de purification, de méditation. Jésus a jeûné pendant 40 jours dans le désert, Moïse a passé 40 jours sur le mont Sinaï. À travers ces 40 poèmes, je vous invite à une forme de méditation sincère et profonde, comme un chemin initiatique. Chaque poème est un pas, un instant figé dans le temps, une réflexion, une traversée intérieure.

Ainsi, à travers ces 40 méditations, je me suis moi-même retrouvé, j'ai cherché à apprivoiser la beauté des mots et leur pouvoir de transmission. Et peut-être, dans cette quête, ai-je trouvé un écho de ce qui est invisible et essentiel à l'âme humaine.

Ce recueil, Entre Deux Rives, est donc bien plus qu'un simple ensemble de poèmes. Il est le fruit d'une démarche personnelle, d'un défi accompli et d'une exploration de l'âme à travers des vers, à la recherche de ce qui nous lie tous, au-delà des frontières, des temps et des lieux.

Que ces poèmes résonnent en vous et qu'ils vous apportent, comme à moi, une forme de paix et de lumière.

Parlons du titre

Entre Deux Rives : ce titre est né de ma propre histoire. Il incarne une tension, un équilibre fragile entre deux mondes qui m'ont formé. D'un côté, la petite bourgeoisie brésilienne liée à mon père absent ; de l'autre, les favelas, et la combativité de ma mère. Elle a tout fait pour nous offrir de l'espoir, une vie meilleure. Elle nous a appris que nous étions tout, et que nous méritions davantage que de survivre sur une terre poussiéreuse, à devoir éviter les balles perdues. C'est malgré tout grâce à ce décor que j'ai puisé mes premières forces.

C'est aussi une métaphore de l'exil : entre le Brésil et la France, deux patries qui me définissent, deux rives d'une même existence. Entre rêve et réalité, entre ce que j'espère et ce que je vis, entre le tangible et les désillusions.

Ce recueil est donc une navigation entre ces rives, parfois paisible, parfois houleuse. Mais toujours habitée par une soif de sens, une volonté de comprendre, d'unifier, de sublimer.

Entre Deux Rives est la promesse d'un pont — invisible et intime — entre ce que l'on était, ce que l'on est, et ce que l'on devient.

Bonne lecture, mes chers amis.

Remerciements

Avant tout, je tiens à exprimer ma plus profonde gratitude à ma femme, ma belle dulcinée, l'âme sœur qui m'accompagne avec une douceur infinie et une force tranquille. À toi, qui partages mes joies et mes tourments, qui es la mère de nos deux bijoux célestes, je dédie ces mots avec tout l'amour que tu inspires en moi, et sans toi, ce voyage littéraire n'aurait jamais pris vie.

À ma mère, pour son courage, sa sagesse, et son soutien sans faille. Maman, tu es bien plus qu'une mère, tu es une lectrice attentive et précieuse. Chaque ligne, chaque mot que je pose sur le papier trouve en toi une oreille bienveillante et un regard sincère. Tes avis toujours justes m'ont guidé, et sans toi, mes écrits n'auraient pas eu cette profondeur.

À mes amis de France et du Brésil, vous qui, malgré la distance, êtes toujours présents dans mon cœur. Merci pour vos encouragements, votre soutien et votre amitié indéfectible. Vous avez été mes témoins, mes complices, et sans vous, ce parcours n'aurait pas eu autant de délices. Vous avez remarqué ? je commence déjà avec mes rimes.

Enfin, à mon père céleste, pour sa lumière qui veille sur moi en chaque instant, pour les mystères qu'il m'a laissés à découvrir et pour l'inspiration divine qui guide ma plume. Tu restes un phare dans ma vie, un guide constant.

"On ne voit bien qu'avec le cœur. L'essentiel est invisible pour les yeux."

Antoine de Saint-Exupéry

SOMMAIRE

1. Les Grands-Parents (hommage à Dircy) – p. 19

2. Arbres de Belém – p. 21

3. Douce France – p. 23

4. Brasil adorado – p. 27

5. Entre Deux Rives – p. 31

6. Vérité – p. 35

7. Phare Éternel – p. 37

8. Grâce Infinie – p. 39

9. Cornerstone – p. 43

10. Qu'est-ce que l'Amour ? – p. 45

11. A pesar de tudo (Malgré tout) – p. 49

12. Seigneur – p. 53

13. Ode à la Vie – p. 57

14. Nostalgia – p. 59

15. Duo Céleste – p. 61

16. Dans les Arcanes de mes Yeux – p. 65

17. Ma Namorada, Fleur du Bien – p. 67

18. Nos Étoiles Contraires – p. 71

19. Éclats divins de mon amour – p. 75

20. Trinity – p. 77

21. Étoile de la destinée – p. 81

22. Vent errant – p. 87

23. À tous ceux qui souffrent – p. 89

24. Requiem d'une Souris Blanche – p. 91

25. Le Brave des Braves – p. 95

26. Oz – p. 97

27. Danillo, frère fidèle – p. 101

28. À Pierre, mon frère – p. 105

29. Manacá, douce fleur de nuit (Pour ma nièce, Elianna) – p. 109

30. Toi, mon frère qui ne fus pas le mien – p. 115

31. À chaque Ève suffit sa peine – p. 119

32. La Tristesse Secrète – p. 123

33. Les Noms Flamboyants – p. 125

34. La Plume et le Bâton – p. 127

35. Du Boson à la Croix – p. 129

36. Lorsque les feuilles des manguiers centenaires auront flétri – p. 133

37. Oasis – p. 135

38. Jacarandá – p. 141

39. Un monde sans Amour – p. 143

40. Le dernier Rivage – p. 147

Les Grands-Parents (hommage à Dircy)

Sous l'ombre des manguiers centenaires, géants,

Je revois mon enfance en des jours apaisants.

Blondinet au sourire, éclat de douce flamme,

Le vent jouait mes mèches et caressait mon âme.

Ma grand-mère m'emmenait à Batista Campos,

Un écrin de verdure où le temps fait repos.

Sous les feuilles anciennes, elle offrait sa tendresse,

D'un geste plein d'amour qui guérissait mes faiblesses.

Sur la balançoire, je volais vers les cieux,

Et mon rire éclatait comme un chant radieux.

Du pop-corn pour les poissons dans l'eau frémissante,

Des croque-monsieur fins, au goût d'étoile fondante.

L'eau de coco glacée apaisait mes ardeurs,
Dans ce cadre enchanté empli de mille douceurs.
Aujourd'hui, je revois, dans le doux quotidien,
La tendresse d'aimer dans les cœurs des anciens.

Être grand-parent, c'est un art subtil et sacré,
Un cœur qui s'adoucit au fil des âges passés.
Car le but de la vie, dans son éclat universel,
N'a toujours été qu'aimer : voilà son essentiel.

Arbres de Belém

Arbres de Belém, vous connaissez mon âme !

Sous l'œil des envieux, la foule erre et condamne ;

Vous avez vu ici courir un jeune enfant,

Jouant avec les papillons, rêvant autant.

Ô arbres centenaires, comme vous êtes fiers,

Prêtant de l'ombre même à un cœur de pierre.

Dans votre ramage se cache douce amitié,

Des oiseaux qui, chantant, tissent leurs nids, charmés.

Vous m'avez vu aussi tomber fort amoureux,

D'une belle dulcinée aux yeux ténébreux.

Au milieu de la place, rien d'autre existait,

Sauf elle et vous. Combien ici se sont penchés ?

Vous m'avez vu aussi triste, les larmes aux yeux,
Oui, vous m'avez vu fuir l'Homme et chercher Dieu.
Aujourd'hui j'atteste, ô bois aimés du ciel,
J'ai jeté loin de moi la haine et le fiel.

Loin de moi l'aigreur, toute pensée amère,
Mon cœur à la douceur des baisers d'une mère.
Malgré le tumulte, des siècles restés inchangés,
Moi, je suis le même, cheveux à peine argentés.

Et c'est à l'ombre de vos branches verdoyantes,
Que j'aimerais avoir une épitaphe franche :
"Ici repose un poète au talent modeste,
Qui a tant aimé le monde, que nul ne conteste !"

Douce France

Quand j'ai quitté ma terre aux tons couleur de sienne,

Ton souffle m'a bercé d'une étrange douceur.

Je marchais loin de tout, d'une voix presque ancienne,

Mais déjà dans ton air s'ouvrait un peu mon cœur.

Belém fredonnait au fond de ma mémoire,

Ses rires et ses rues pleines d'ombre et de feu.

Mais la France m'ouvrit, sans grandeur ni victoire,

Un foyer dans ses bras, un silence précieux.

Bordeaux m'a raconté l'histoire des esprits,

Montesquieu, ses discours, les pierres qu'il effleure.

Je suivais ses chemins dans le vent, sans un cri,

Gravé dans les pavés, l'écho d'une demeure.

La Garonne coulait, fidèle à son destin,

Le Pont de Pierre offrait sa force et sa mémoire.

Et moi, fils du lointain, le regard incertain,

J'apprenais à aimer ton visage, ô terroir.

J'ai grandi hors du port où mes racines dorment,

Mais j'ai trouvé ici l'élan de mon chemin.

Les roses m'ont parlé d'amours douces et mortes,

Le vin m'a révélé la sagesse du pain.

Tu m'as offert bien plus qu'un art de vivre en fête :

Des pages, des discours, des visages sculptés,

Des génies endormis dont la parole est prête

À rallumer en nous la flamme des passés.

Je suis ce fils des flots, né loin de ta lumière,

Mais dans ton sein, ô France, j'ai trouvé l'azur.

Je garde en moi Belém, mais ton amour m'éclaire :

Et mon cœur parle en deux langues, fort et sûr.

Brasil adorado

Ô Brésil, berceau d'or où mon âme est née,

Loin de ton zénith chaud, j'erre en pays d'exil,

Mais rassure-toi, patrie à jamais aimée,

J'ai trouvé l'amitié sous un ciel doux, subtil.

France, compagne fière aux parfums de lumière,

M'accueille en ses bras clairs, me berce de ses espoirs,

Mais ton souvenir, Brésil, éclaire tous mes soirs,

Dans le temple secret, tu réchauffes l'hiver.

Clous de girofle, cannelle et palme dorée,

La mata, plus verte qu'un océan d'émeraude,

S'étend, vaste et profonde, sous la lumière chaude.

Tu dresses des festins aux volutes fumées.

Ses feuilles murmurant les secrets de l'ancêtre,
Abritent mille vies dans leur ombre mouvante,
Cathédrale vivante où l'homme vient renaître,
Un souffle de mystère, une force éclatante.

J'entends, dans le lointain, la cascade d'Orêm,
Chantant l'éternité sur la pierre polie,
J'ai suivi l'Amazonie, vaste et suprême,
Comme un fils égaré cherchant sa nostalgie.

La musique en mon cœur, Caetano, Gil, Mercury,
Résonne en doux échos, tisse un fil de mémoire,
Le folklore, les drapeaux, la danse, la furie,
Peignent sur mon exil les couleurs de l'espoir.

Peuple aux mains nues, mais riche d'une espérance,

Tu portes dans tes yeux la promesse du monde,

Amado, Machado, Drummond, voix de l'enfance,

Font vibrer ton génie, ta lumière profonde.

Ô Brésil, je suis loin, mais rassure-toi toujours,

J'ai trouvé une amie, fidèle et sans détour.

Où que je sois, je porte ton amour en mon cœur,

Aujourd'hui, pour toujours, jusqu'à ma dernière lueur.

Entre Deux Rives

Dans la ville de Belém, sous un ciel étoilé,

Un petit garçon rêvait, le cœur emballé.

Il imaginait des terres lointaines et belles,

Là où les rêves se fondent sous une pluie d'étincelles.

À onze ans, il partit, un matin d'été,

Vers la France lointaine, à Bordeaux il est arrivé.

Ville du vin, de la joie, où la Garonne danse,

Il y trouva une nouvelle et douce espérance.

Les années ont filé, comme le vin se bonifie,

Il a aujourd'hui trente-six ans, dans la vie il s'épanouit.

Bordeaux, sa maison, la France, son pays,

Dans son cœur, pourtant, une mélodie résonne, infinie.

C'est le chant de Belém, qui jamais ne s'efface,

Les souvenirs d'un enfant, dans le temps qui passe.

Il sourit à la vie, heureux de son sort,

Mais parfois, il songe à sa terre, avant que le jour ne s'endorme.

Entre deux rives, il danse, un pont sur l'océan,

Son cœur bat au rythme des deux pays, émouvant.

Ce petit garçon brésilien, devenu homme en France,

Garde en lui deux amours, et cette belle espérance.

Que partout dans le monde, on puisse trouver sa place,

Sans oublier d'où l'on vient, quelle que soit notre trace.

Il est de Bordeaux, il est de Belém,

Un citoyen des mondes, un homme qui aime.

Vérité

Elle, l'obstination des sages, crainte des amants,

Le sot ne la trouve, même en cherchant ardemment.

Parfois resplendissante, comme l'étoile du firmament,

Tantôt pesante pour la conscience des honnêtes gens.

Ô, comme elle est belle aux yeux des cœurs purs !

Elle brille comme le soleil un matin d'azur.

Le vainqueur fait d'elle son sublime héritage,

Le vaincu pleure, n'ayant plus qu'elle en partage.

Le condamné subit sa triste, rude destinée,

Du pouvoir qu'il détient, le juge et son maillet.

Même si elle a mille voiles, mille visages,

Dieu seul la connaît, Lui, souffle de l'infini.

Nul ne peut prétendre lire des présages :

Seul un Être est chemin, vérité et vie.

Phare Éternel

Lighthouse, mon repère au cœur de la nuit sombre,

Quand l'espoir s'efface et que tout devient décombre.

Mon esprit se perd dans l'abîme ténébreux,

Mais Ta lumière surgit, et transforme mes vœux.

Par Ta grâce infinie, je renais fils du ciel,

Un être transformé qui contemple l'Essentiel.

Et quand je trébuche, fuyant Ton doux regard,

Tu me retrouves toujours, ô flamme sans égard !

« Ô homme, que fais-tu ? Pourquoi fuir ton destin ?

Ne sais-tu pas que Je t'aime d'un amour divin ? »

Phare céleste et pur, qui luit dans l'obscurité,

Celui qui Te contemple est lavé dans Ta clarté.

Ta sainteté tenace éclaire tous mes pas,

Et chasse les ombres qui m'enchaînaient ici-bas.

Dans Ton éclat vivant, je trouve enfin la paix :

Un refuge éternel que nul ne saurait briser.

Grâce Infinie

Grâce infinie, douce offrande des cieux,
Qu'est l'homme, pour qu'en lui Tu poses les yeux ?
Ta bonté se déploie, plus vaste que les mers,
Plus haute que les cieux, plus forte que l'éther.

Ton amour parfait fait vibrer nos esprits ;
Tes lois sont immuables, Ton décret, inouï.
Que tout ce qui respire élève un chant fervent,
Et loue le Nom sacré du Dieu tout-puissant.

Par Ta parole seule, Tu fondas l'univers,
Et chaque étoile brille sous Ton regard ouvert.
Mystère insondable, que seul l'esprit comprend,
Car Lui seul peut saisir l'invisible éclatant.

Mais l'homme T'a trahi, il s'est détourné ;
Le ciel s'est assombri, les astres ont pleuré.
Les larmes du soleil montèrent jusqu'à Toi,
Et Ta justice sainte allait frapper nos pas.

Pourtant, le Roi des rois murmura dans l'ombre :
« Laissez-Moi descendre dans leur nuit si sombre.
Je veux les racheter au prix de Mon sang,
Porter leur croix pour qu'ils vivent en enfants. »

La Lumière du monde descendit des cieux,
Mais le monde aveuglé refusa son Dieu.
Abandonné des siens, Son cœur fut meurtri,
Mais jamais Son Amour ne faiblit ni ne fuit.

Sur la croix, Il souffrit, mais Il resta fidèle ;

Son pardon éclata comme un chant éternel.

La mort voulut frapper, mais ne put triompher :

Le tombeau fut vaincu, la pierre fut roulée.

Les étoiles chantèrent : « L'amour a vaincu ! »

Le Roi ressuscité a rendu tout ce qui fut perdu.

Alléluia ! Chantons pour le Seigneur des rois :

À Lui, gloire et puissance, à jamais, dans la joie !

Cornerstone

Cornerstone, pierre angulaire, mon guide en mon désert,

La chaleur qui console au cœur de mes hivers.

Par le Fils, Tu dévoiles Ton cœur de Père aimant,

Ta présence, plus douce que le soleil levant.

Tu m'as créé, Seigneur, pour Te louer sans cesse :

C'est là mon dénouement, ma divine promesse.

Alléluia ! Adorons le Berger bienveillant,

Humble de cœur, Sa bonté brille chaque instant.

Au sein de l'épreuve, Ta volonté m'éclaire ;

Même dans mes échecs, Ton amour persévère.

Comment ne pas T'aimer, ignorer Ta tendresse ?

Tes bontés se renouvellent avec largesse.

Dans mon désespoir, j'ai crié vers les cieux,

Tombé dans le déshonneur, j'étais malheureux.

Ton cœur généreux n'a pas voulu ma peine :

Ta main tendue me sort de la boue malsaine.

Tu me donnes un cœur nouveau, Tu prends mes lourds fardeaux.

Alléluia ! Chantons : Roi des rois, digne est l'Agneau !

Que nos voix s'élèvent en chants d'allégresse,

Pour louer éternellement Sa noblesse.

Qu'est-ce que l'Amour ?

Amour : « Vérité », dit Jésus ;

« Mystère », dit Platon.

En vérité, quelle est cette énigme, réellement ?

Es-tu maître d'aimer,

De connaître cette vérité voilée,

De savoir ce que Dieu, avant la fondation, a caché ?

Demande à l'eau qui court,

Au soleil qui luit,

À la flamme qui vacille dans la nuit,

Au moustique qui vole vers l'ampoule, ébloui ;

Aux cheveux d'or qui ondulent sous l'air si pur,

Demande aux oiseaux, appelle, attends, murmure.

Demande aux yeux qui te mettent en émoi,

Et le cœur éperdu murmure tout bas :

« Est-ce que je sais, moi ? »

Cette femme est passée... Je suis fou, voilà tout.

Ses cheveux radieux, sa prunelle : un mystère.

Sous des cieux épanouis, où le bonheur vibrait en atmosphère,

C'était le printemps, le temps des roses ;

Les oiseaux se disaient tout haut de douces choses.

Demande le secret de cet artifice :

Aux vents légers, aux mers complices,

À tout l'univers vibrant d'harmonie.

Demande au doux sourire du rêveur attendri,

À la croix qui caresse les âmes en détresse,

Aux magiciens, aux fées, aux enchanteresses !

Demande à un enfant : « Qu'est-ce que l'Amour ? »

Et son regard te dira mieux que mille discours.

A pesar de tudo (Malgré tout)

La vie n'est pas un fleuve tranquille

Dès l'enfance on tombe, on se relève malgré les bobos,

Puis on grandit, on fait comme tout le monde, on se fait beau.

On se maquille, on essaie de sauver les apparences,

Le temps file si vite, une bougie suffit pour s'en rendre compte, quelle évidence !

On tombe amoureux, tout le reste semble dérisoire,

Puis viennent les premiers gros chagrins, il faut y croire.

Il faut continuer d'avancer, penser aux lendemains,

Trouver quelqu'un qui soigne nos peines, nous prend par la main.

Une personne qui sait vraiment te dire je t'aime,

N'est-ce pas là le but de toute vie, le vrai thème ?

Alors mon frère, ne te fais pas de soucis, souris,

Un mot gentil peut épargner tant de chagrins, compris ?

Ne crache pas sur ton voisin, qui sait de demain ?

La vie est si dure, qui peut prétendre connaître le destin ?

Aujourd'hui au fond d'un puits, demain sous un ciel azur,

Prends courage, ne perds pas espoir, ton futur n'est pas obscur.

Fais confiance à l'être digne de toute gloire,

Il te gardera à l'ombre de ses ailes, c'est à croire.

Il apaisera tes blessures, te dira de garder ton cœur,

Car c'est de lui que découle la source de vie, sans erreur.

Oui, tu l'as compris, le but de toute vie

Est d'aimer et d'être aimé, c'est ainsi.

Et surtout de connaître la vérité,

Celui qui est le grand Je Suis, l'éternité.

Seigneur

Ô Seigneur, montre ta face, sans toi tout est disgrâce,

Longtemps j'ai vécu, cherchant en vain ta trace.

Les yeux voilés, tendus vers l'éclat des cieux,

L'initiateur et la fin de tous les vœux.

Mais ce n'est ni l'intelligence, ni l'orgueil du savoir,

Mais seul un cœur repentant peut frôler ton pouvoir.

J'errais sur cette terre, perdant tout repère,

Fixant ta lumière, brûlante et solitaire.

Par ta bonté suprême, tu m'as tiré du sable,

De ce désert sans fin, immense et inaltérable.

La vérité, douce et forte, me fit boire du lait,
Mais je tombai mille fois, dans l'ombre de mon regret.

Toujours, ta main tendue relève mes pas brisés,
Et dans l'épreuve, Seigneur, tu m'as toujours aimé.
Sous ton ciel infini, je m'épanouis, fragile,
L'éclat de ton amour est ma force, mon exil.

Dans la nuit, ta lumière n'est pas une lueur,
Mais un phare vibrant, déchirant mes peurs.
Je perçois l'invisible, ton souffle me console,
Ton amour est le vent, mon phare et ma boussole.

Dans ce monde en tumulte, où tout semble chavirer,

C'est toi qui me guides, ô divin éclairé.

Et dans ton amour, Seigneur, je trouve refuge,

Ma foi se renforce, quand ton amour me juge.

Ode à la Vie

Je veux chanter la vie, ce mystère fascinant,

Comme un hymne qui unit, chantons ce feu éclatant.

Vole, petit être, rêve, espère, aime sans trêve,

Même quand la vie parfois te paraît sans sève.

Lève la tête, regarde, appelle, écoute,

C'est le chant de la vie, qui jamais ne s'essouffle.

Quand ces vers auront traversé les ères,

Souviens-toi du poète sous les décombres amers.

Moi aussi j'ai chanté la vie,

J'ai dansé, aimé, pleuré, souri.

Voyage, toi aussi, pèlerin, prends ton bâton,

Marche, observe, murmure à l'horizon.

Apprends à aimer les beaux fruits, le pain dur,
Car le miracle de la vie en vaut la peine, je t'assure,
Seul un cœur qui espère peut en percer le voile,
Et découvrir en Lui la sagesse royale.

Va avec fougue et panache, saute, cours, respire et vis,
Mais que ton passage sur cette terre soit digne de Lui.

Nostalgia

Tout comme un amoureux déclarant sa flamme,

Le poète peint de ses mots l'éclat des drames.

Mon cœur bat en France, mais souvent je songe à ma terre,

Mon esprit vagabonde, tel un oiseau sans frontière.

Dans mes yeux luit une lueur, reflet d'un autre temps,

La nostalgie d'un enfant traverse mes printemps.

Une émotion m'inonde, puissante comme un fleuve,

Cette terre lointaine est-elle encore veuve ?

Écouter ma langue natale me berce et me rassure,

C'est comme respirer l'air pur d'un matin d'azur.

Ses sons familiers, mélodie de mon passé,

Ravivent les souvenirs que je croyais effacés.

Sais-tu ce que c'est de vivre loin de sa terre,

De sentir son absence peser, douce et amère ?

Heureusement, une terre d'accueil apaise ma peine,

Où, peu à peu, l'âme se calme, où la douleur devient sereine.

Duo Céleste

Où les pages s'animent au souffle de l'infini.

Dieu, lui aussi, il écrit des ouvrages,

Sa prose, c'est l'homme, son symbole, son image.

Dans chaque ligne tracée, une histoire se dessine,

Des destins entrelacés, une épopée divine.

Mais au-delà des mots, des vers et des passages,

Sa poésie éclot, pure, dans la femme en partage.

Elle est la muse éternelle, l'essence de l'émotion,

Son être une symphonie, son cœur une chanson.

Dans chaque geste gracieux, chaque regard attentionné,

Réside la beauté, le souffle qui nous fait chavirer.

Elle peint avec ses mots, des tableaux d'étoiles,
Dans ses yeux, mille univers, mille voiles.

Elle est la poésie incarnée, la douceur incarnée,
Dans son sein, l'avenir, l'éternité dorée.
Dieu, lui aussi, il écrit des ouvrages,
Mais sa poésie réside dans le doux visage

De la femme, éternelle muse, étoile du firmament,
Son chant, sa danse, sa grâce, son enchantement.
Elle illumine l'obscurité, étoile filante,
Son éclat traverse les galaxies, flamboyante.

Son appel résonne dans le vide sidéral,
M'attirant vers elle, malgré l'effort infernal.
Dans cette course folle, je ne comprends pourquoi,

Je sens mon être vibrer, mon cœur en émoi.

Les retrouvailles sont proches, l'homme fatigué,
Mais son désir de la rejoindre est ardent, insensé.
Et finalement, dans un éclat de lumière,
Nous nous rencontrons, dans cette atmosphère.
L'homme épuisé se fond dans son étreinte,
Faisant qu'un avec elle, dans une danse sainte.

Dans les Arcanes de mes Yeux

Tu as des yeux, dulcinée, aux secrets merveilleux,
Ils mêlent mille feux, un éclat précieux.
Un doux vert pâle, comme un souffle de brise,
Pépite d'or que la lumière irise.

Un soleil en fusion jaillit de ton regard,
De jaune profond, d'or, d'un trouble sans égard,
Pareils aux prunelles d'un fauve énigmatique,
Fascinants, brûlants, presque magiques.

Tu peux feindre la glace, détourner le regard,
Mais je lis ton désir dans ce trouble bavard.
Tu as beau résister, t'inventer des murailles,
Ton souffle te trahit, ton désir fend la maille.

Tes prunelles m'ensorcellent, mais mon feu t'enlace,

Et tu viens t'y brûler, le cœur plein d'audace.

Ton regard est limpide, mais le mien est plus noir :

Un abîme où tu plonges, avide de mon pouvoir.

Approche, douce flamme, viens goûter le vertige,

Je ne promets pas l'ange, mais je t'offre le prodige.

Chaque mot que je souffle allume ton émoi,

Tu chancelles, soumise, sous l'élan de ma voix.

Ma Namorada, Fleur du Bien

Ma tendre femme, rayon de joie dans ma vie,

Ton amour, comme une douce mélodie,

M'élève et m'inspire, m'aide à grandir,

Ma namorada, mot doux qui me fait frémir.

Notre danse harmonieuse : rires et pleurs s'entrelacent,

Dans un mystère que seul Dieu embrasse,

Nos cœurs s'unissent, par Sa grâce liés,

Et chaque souffle nous mène vers notre destinée.

Namorada, tu es ma compagne bien-aimée,

Mon soutien, ma joie, ma félicité.

Fidèle amie aux yeux pétillants de vie,

Tu rends chaque instant plus riche, plus fleuri.

J'adore te voir plongée dans tes jeux vidéo,
Concentrée, passionnée, dans ton propre tableau.
Moi, à tes côtés, je veille et j'écris,
Parfois, je pose ma plume et souris, ébloui.

Ton bonheur est le phare qui guide mes jours radieux,
Ton sourire, un éclat qui me ramène à Dieu.
Notre union, un poème que le monde entier peut chanter,
Un mystère stellaire que la vie ne cesse de magnifier.

Ma namorada, tu fais vibrer mon cœur reconnaissant,

Tu m'aides à m'approcher du ciel, doucement.

Dans ce monde béni, tu es ma lumière terrestre,

Ma fleur du bien, mon amour, ma joie manifeste.

Nos Étoiles Contraires

Dans le royaume du réel où Leslie tient court,

Elle, la pragmatique, évolue jour après jour.

Face au monde avec une clarté sans pareille,

Elle construit sa forteresse, digne d'une merveille.

Moi, son époux, je navigue dans les rêves,

Perdu souvent dans des nuées sans trêve.

Un rêveur, un idéaliste, à l'âme vagabonde,

Cherchant dans les étoiles une nouvelle terre féconde.

Leslie, avec patience, accueille mes chimères,

Elle, l'ancre dans ma tempête, la lumière dans mes hivers.

Acceptant l'homme que je suis, avec mes rêves éthérés,

Elle m'offre un havre où je peux me poser.

C'est un dur labeur d'aimer un esprit si volage,

De lier sa vie à celui qui vit dans les nuages.

Mais Leslie, avec sa force tranquille, son amour inébranlable,

Tisse autour de nous un monde plus stable.

Elle est la réaliste, moi le rêveur,

Ensemble, nous formons un duo de valeur.

Elle, la terre ferme sous mes pieds d'air,

Moi, le vent qui caresse son univers.

Dans cet équilibre fragile, nous trouvons notre danse,

Elle, mon ancre, moi, son éternelle espérance.

Leslie, pour ton amour, ta patience, ton soutien,

Je te dédie ces mots, toi qui illumines mes demains.

Éclats divins de mon amour

Ma belle dulcinée, Dieu m'a donné des yeux,

Pour te contempler, toi, reflet des cieux radieux.

Ta tendresse me fait chavirer, ton amour sincère

Est un rayon d'or qui caresse l'univers.

C'est un dur labeur de se lier, je le confesse,

Avec un homme aussi maladroit dans ses faiblesses.

Mais tu m'élèves au rang de roi, noble conquête,

Ensemble, nous marchons sur la voie parfaite.

Chantons ensemble des louanges pour le Très-Haut,

Car, sans Lui, je ne suis qu'un vaisseau sans flambeau.

Mais toi, ma belle dulcinée, tu vois plus loin,
Des mystères cachés au cœur des desseins divins.

La femme perçoit des choses voilées aux mortels,
Des secrets tissés dans l'étoffe de l'éternel.
C'est sûrement pour cela qu'Il dit dans Sa Parole,
Ces mots gravés en nous comme un joyau qui console :

"Il n'est pas bon que l'homme demeure isolé,
Je lui ferai une aide précieuse à ses côtés."
Ainsi, ma douce, tu es mon égale bénie,
Ensemble, nous formons une sainte symphonie.

Trinity

Dans l'éclat d'une trinité, tissée de liens terrestres et divins,

Se dessine une famille, reflet de l'œuvre du Créateur sans fin.

Le Père, rêveur, à l'image de l'infini, tient la plume de la création,

Dessinant des constellations, esquisse de ses visions.

Le Fils, Leandro, émanation de l'espérance, lumière du jour naissant,

Porteur de demains, en lui réside l'essence du mouvement.

Sa quête, guidée par l'éclat premier, promet des lendemains,

Où chaque pas forge l'histoire, dans le grand livre du destin.

Et la Femme, Leslie, notre Saint-Esprit, souffle de vie et d'amour,

Elle, le lien, la force qui unit, présence rassurante de chaque jour.

Dans sa grâce se trouve la sagesse, dans son cœur bat l'Éternel,

Elle est le ciment, l'harmonie, dans ce monde parfois cruel.

Dieu a créé l'Homme à son image, dans une trinité reflet de sa majesté,

Le Père, le Fils, et le Saint-Esprit, une famille en son unité.

Le rêveur, le futur, et l'amour infini, ensemble dans leur singularité,

Ils avancent, témoins et acteurs, de leur propre humanité.

Le Père, dans l'éther de ses rêves, entre ciel et terre balance,

Cherchant dans l'immensité, des réponses à son essence.

Mais c'est dans le regard de Leslie et Leandro qu'il perçoit,

Les échos de l'amour, la vérité qui le guide et le fait roi.

Leandro, esprit jeune et avide de connaître,

Marche sur les sentiers de la vie, prêt à accueillir l'aube naissante.

Il est le pont entre le passé et l'infini, l'espoir incarné,

Dans ses rires, l'avenir se dessine, audacieux et ensoleillé.

Leslie, notre boussole, force tranquille et amour qui console,

Elle tisse le lien sacré, rendant leur union hors norme.

Sa présence est bénédiction, dans chaque souffle, chaque mot,

Elle est la gardienne de leur flamme, leur phare dans le chaos.

Ainsi, dans cette trinité, s'unissent terre, ciel et divin,

Le Père, le Fils, et le Saint-Esprit, en un ballet sans fin.

Chacun une facette de l'image divine, dans ce monde imparfait,

Ils avancent, unis par l'amour, sur le chemin qu'ils se sont créé.

L'étoile de la destinée

Il marchait souvent seul, cet enfant rêveur,

Un cœur léger, empli d'éclats de bonheur.

Dans ses courses folles, sous le ciel étoilé,

Une lumière douce semblait l'accompagner.

Des amitiés sincères ont fleuri sur son chemin,

Des rires partagés au fil des matins.

Mais un jour vint l'adieu, un départ douloureux,

Un nouveau pays l'appelait sous des cieux brumeux.

Seul à nouveau, il entendit une voix :

"Avance sans crainte, ne perds pas la foi.

Continue de rêver, même dans l'inconnu,

Je suis là près de toi, et je ne t'ai jamais perdu."

Dans cette terre étrangère où tout semblait froid,

Il apprit que la vie n'obéit pas toujours aux lois.

Un ballon volé, une amitié brisée,

Tout se joue à peu de choses : il l'a réalisé.

Devenu homme, il travailla avec ardeur,

Comme l'abeille qui butine sans compter les heures.

Dans l'effort et la peine, une force l'éclairait,

Une aide invisible qui doucement le portait.

Puis l'amour un jour vint frapper à sa porte,

Une belle aux yeux sombres fit vibrer son âme forte.

Ils vécurent ensemble des jours lumineux,

Mais l'amour aussi peut cacher des adieux.

Car il comprit alors que rien n'est immuable,

Que même les plus beaux liens sont vulnérables.

En enfer il chuta pour la première fois :

"Mon étoile, où es-tu ?" cria-t-il dans l'effroi.

Trois jours après, une lumière jaillit :

Son étoile avait un nom : Jésus-Christ.

Il comprit que chez lui aussi tout devait changer,

Et qu'une nouvelle route lui était destinée.

Dans le temple sacré où il chercha refuge,

Il trouva sa bien-aimée dans ce lieu sans subterfuge.

De bénédictions en bénédictions, sa vie fut comblée,

Mais en lui restait cet enfant fragile et blessé.

Par trois fois encore il chuta dans la nuit noire,

La dernière fois fut celle où s'effondra son espoir.

Triste mais nécessaire fut cette descente amère ;

Dans sa colère, il voulut plonger sept fois en enfer.

Mais alors il comprit qu'il était déjà sauvé,

Que la grâce de Dieu ne cesserait jamais d'abonder.

Car l'amour parfait est plus fort que la mort :

Un feu éternel brûlait au fond de son corps.

Une voix douce murmura dans son cœur brisé :

"Prends mon joug : il est doux et léger.

Ton fardeau trop lourd ? Nous allons le porter ensemble."

C'était Jésus qui parlait ; son amour était immense et tendre.

Enfin il comprit que Jésus était tout :

Son étoile brillante dans les jours flous.

Sa force et son guide dans les tempêtes du temps,

Son amour parfait pour l'éternité des ans.

Vent errant

Il caresse parfois le doux visage d'un enfant rêveur,
Brise légère qui berce l'innocence en sa fleur.
Nul ne peut le dompter, il n'a nulle demeure ;
Vagabond sans attache, éternel coureur.

Il traverse les vallées, les monts sans contrainte,
Et nul ne sait vraiment où tout cela le mène.
Il laisse le fou amoureux, tout de même, blême ;
Le matelot s'écrie : "Voilà un problème !"

Il est la voix du monde qui murmure aux feuilles,
Et hurle comme une tempête en deuil.
Partout et nulle part, force invisible,
Messager du changement, essence insaisissable.

Il fait onduler les robes dans une danse infinie,

Dieu nomma sa flûte Soupir ; sa note : Espérance.

Sauveur du capitaine quand il guide son mât,

Éternel écho de l'Alpha et l'Oméga.

À tous ceux qui souffrent

À tous ceux qui souffrent, sans manteau sous la pluie,

À tous ceux qui sont seuls dans l'ombre de la nuit,

À ceux que nul n'étreint, que la douleur confine,

À ceux qui vivent sous les décombres d'un monde en ruines.

À ceux qui marchent seuls, dans des palais de rêves,

À tous ceux que blessent les terreurs sans trêve,

Et ceux que le malheur broya comme la pierre,

Je perçois vos pleurs, écho d'un chant amer.

J'aimerais vous crier, d'un cœur sans stratagème :

Ô combien est profond l'amour du vieux poète.

Il est vaste et sacré comme un soleil qu'on aime,
Ou comme un firmament qu'aucune nuit n'arrête.

Il traverse les temps, les âmes et les lieux,
Il embrasse le monde et s'élève aux cieux.
Il est feu sans repos, sans fin et sans frontière,
Un fleuve d'absolu qui jamais ne s'altère.

Car sous le ciel d'encre, il n'est qu'une nature
À qui l'on a volé jusqu'à la démesure
Le droit de choisir : il n'a plus de détour —
C'est bien le poète, esclave de l'Amour.

Requiem d'une Souris Blanche

Depuis toujours, je le savais, c'était écrit,

Un guide muet marchait devant, sans bruit.

Le souffle ancien de la destinée,

Ouvrait pour moi le sentier damné.

J'ai foulé, pieds nus, la terre de sienne,

Séchée par l'ombre et les peines anciennes.

Mais sous la poussière, un foyer d'or,

M'aimait plus fort que tous les trésors.

Nous n'avions rien, que le vent pour manteau,

Mais la force aux bras et le feu dans le dos.

Et l'espoir dressé comme un mât dans la nuit,

Disait que la vie aussi nous sourit.

Une souris blanche au regard éveillé,

Dans un monde vaste, rude et voilé.

Mes cheveux d'or prenaient les teintes ambrées,

À l'heure où l'exil sonnait l'entrée.

Vint le printemps, celui des rois,

L'âge des rêves, des premiers émois.

Il fallut tuer l'enfant que j'étais,

Pour qu'un homme debout naisse en secret.

Les voiles tombèrent avec les années,

Et la vérité, nue, s'est avancée.

Un père, gâté, n'a su aimer,

Une mère, vaillante, a tout porté.

Et désormais, je suis — douce revanche —
Toujours cette petite souris blanche.
Cheveux d'argent, regard apaisé,
Je marche encore, le cœur levé.

Papa s'est tu, maman sourit,
Son visage vieilli rayonne de vie.
Car un fil, tissé bien avant le matin,
Avait promis de toujours tenir nos mains.

Le brave des braves

Il fut, dans la vigueur des âges triomphants,

Un homme que le temps n'a pu courber longtemps.

La noblesse sur le cœur, il avançait sans bruit,

Robuste et généreux, sage et fier dans la nuit.

Qui donc aurait pu faire tomber ce géant ?

Il nourrissait mille âmes, veillait sur ses enfants.

Toujours prêt à guider nos pas vers les matins,

Par la force des bras, il traçait nos chemins.

Poussant sa charrette au cœur de Belém,

La ville, émerveillée, saluait ce poème.

Le Paris tropical voyait, dans ses rues d'antan,

Cette âme vagabonde, au regard bienveillant.

Il fredonnait, le soir, d'anciennes mélodies,
Offrant aux passants rares les conseils d'une vie.
Sa force et sa bonté guidaient chaque instant,
Et semaient sur la ville un parfum apaisant.

Nous, ses petits-enfants, mangions ses merveilles,
Éblouis par l'éclat de cette âme sans pareil.
Il nous a transmis, fort, le pouvoir d'endurer
Mille blessures du corps, mille peines à porter.

Edmilson, tu es le brave des braves, à jamais,
Ton souffle vit en nous, aujourd'hui, pour toujours.
Dans le livre du temps, ton nom ne s'efface pas,
Grand-père bien-aimé, tu vis au fond de moi.

OZ

Le chemin de l'existence, vaste et silencieux,

Où l'homme va, courbé par l'ombre et la lumière,

J'ai vu surgir, du fond du ciel mystérieux,

Un ami, frère élu, monture familière.

Il s'appelle Burak. Comme Bucéphale fier,

Il porte mes espoirs, à travers le désert.

Et tel Alexandre, guidé par Héphaistion,

Il m'aide à conquérir de vastes nations.

Dans la ronde sacrée où tournent les derviches,

Bras ouverts, main vers le ciel, main vers la terre,

Ils cherchent, dans l'extase, la lumière qui niche,

L'âme s'élève pure, dans la danse légère.

La musique du ney, le souffle de la foi,
Accompagnent la quête, la poésie s'invite,
Comme Rûmî chantait, l'amour ouvre la voie,
L'ami devient guide quand la nuit nous habite.

Un jour, la voix du monde, égarée, me questionna :
— Est-ce Diego, ce frère à l'âme vagabonde ?
J'ai souri : « Oui, lui aussi c'est Diego. Moi, je suis Burak. »
Nous avons ri, dans la clarté féconde,
Comme deux astres mêlant leur éclat.

Compagnon d'existence, bras droit, force profonde,
Il est le fil divin qui relie nos destins,

L'ami qui fait fleurir la pierre du chemin,

Le magicien secret dont la noblesse surabonde.

Quand la vie se fait brume, il rallume l'aurore,

Il est la voix qui chante au bord de mes silences,

Et dans la nuit des hommes, il fait lever l'espérance,

Car son nom, tel l'éclair, traverse mon décor.

Ô Burak, monture des songes,

Toi qui portes mon âme au-delà des frontières,

Reste, fidèle ami, dans la danse légère,

Où l'amitié s'élève, immortelle et prospère,

Prolongeant le rêve d'Alexandre, la force de Bucéphale,

Et l'éclat d'un sourire, au matin triomphal.

Danillo, frère fidèle

Si je devais, demain, traverser l'enfer,
Je sais quel frère marcherait en lumière.
Un cœur loyal, un roc, un ami sûr,
Dont l'âme en exil fut mon abri le plus pur.

Notre amitié naquit loin de nos rives,
En France, où l'exil souvent nous dérive.
Mais dans cette terre froide et étrangère,
J'ai trouvé un frère, un lien sincère.

Danillo, têtu, gardien de l'espoir,
Quand tout semble perdu, il croit sans déboire.
Il n'est pas le plus fort, mais fidèle au serment :

Il lia ses valeurs à son cœur battant.

Quand la nuit des hommes devient trop noire,

Il rallume en silence une force de croire.

Compagnon fidèle, dans la joie, la peine,

Il tend l'autre joue, même sous la haine.

Sur le navire de la vie, homme tranquille,

Il porte le Brésil dans son cœur qui scintille.

Dans son regard doux, un rayon de lumière,

Un souffle d'amour, une paix sincère.

Frère d'âme, que rien ne peut abattre,

Toi qui gardes la flamme quand nul ne peut combattre.

Danillo, tu es l'étoile dans la nuit,

Le phare qui nous guide quand l'espoir fuit.

À Pierre, mon frère

Sur le chemin de vie, parfois l'on croise une âme,

Pure, sans nul soupçon, sans l'ombre d'aucun blâme.

Ce sont ces êtres-là dont la bonté nous plaît,

Et l'on se sent petit d'avoir si mal aimé.

D'avoir connu, un jour, le malheur de haïr,

Ou même, simplement, de se laisser aigrir.

Car la vie, c'est certain, n'est pas toujours en rose ;

La tristesse, parfois, sur nos cœurs se dépose.

Mais ces êtres ont en eux quelque chose de sacré :

La douceur d'un regard qui nous fait espérer.

Ils sont comme un vase où le ciel vient s'épanouir,

Et nos cœurs endurcis prennent l'éclat du Saint Empire.

Cette douce âme, c'est Pierre, lumière fraternelle,

D'abord frère par alliance, mais frère en Christ — l'Essentiel.

Son regard est un havre où l'on vient s'apaiser,

Un refuge de calme où la douleur se tait.

Ses prunelles, deux lacs où l'esprit se repose,

Rappellent ces regards qu'Hugo peignait en prose.

Son large front songeur, grave en méditation,

Recueille mille chants, mille et une chansons.

Des mélodies qu'il rêve à jouer sur son clavier,

Pour les Hommes, les Anges ; pour apaiser les plaies.

Et même si le temps a poli son grand cœur,

Quelque chose lui manque : il songe au vrai bonheur.

Sur son cheminement, il médite la Bible,

Ouvrage où se mêlent le charmant et le terrible ;

Légat aux hommes, qu'ils soient bons ou vilains,

Écrit par des prophètes, inspiré par Sa main.

Indécis, ébloui, il joue comme un génie,

Cherchant dans chaque note une divine symphonie.

Mais sa poésie éclot dans la femme qu'il reçut en partage :

Pauline, douce amie, au sublime visage.

Oui, Pierre, c'est en Pauline et vos charmants enfants

Que tu trouveras ta couronne, ton trésor éclatant.

Roi dans ton foyer, humble et riche de tendresse,

Tu tiens en eux, Pierre, la source de l'allégresse.

***Manacá, douce fleur de nuit** (Pour ma nièce, Elianna)*

Manacá, quel joli nom pour une si douce fleur,

Je t'ai vue croître, émerveillé par tant de splendeur.

Tu fus, sans le savoir, un phare dans la nuit sombre,

Guérissant nos plaies, celles qui se cachent dans la pénombre.

Arrivée dans nos vies tel un souffle providentiel,

Ton parfum est comme un avant-goût du ciel.

Je ne te connaissais pas, et déjà, dans l'aurore,

Mon cœur s'exclama, bouleversé : – Ô Ciel, que je l'adore !

Avançant dans la vie, le sourire suspendu aux lèvres,

Toi, douce enfant, ta pureté s'élève,

Bien au-dessus des vices sans trêve.

Sous ton radieux sourire se cache pourtant une plaie,

Que seuls ceux qui t'aiment peuvent distinguer.

Et lorsque ta voix claire murmure ce mot : "tonton",

Mon cœur meurtri par la vie s'apaise en chanson.

Car toi et moi, dans un même sanglot suspendu,

Portons la trace vive d'un père disparu.

Cette absence muette creuse en nous le souvenir,

Laissant au fond du cœur un invisible soupir.

Mais dans ton regard, je vois grandir une flamme d'espoir,

Tu me donnes le courage de dire : à nous la victoire !

Continue d'avancer, petite fleur triomphante,

Mais prends ton temps : la vie sera éclatante.

Aujourd'hui presque femme, au cœur toujours si pur,

Sans l'ombre d'un blâme, d'un éclat d'azur.

J'entends déjà bruisser autour de ta lumière,

Mais je t'en prie, fleur tendre, sois fière :

N'accepte pas, même le baiser d'un colibri,

Car ces oiseaux parfois égarent l'esprit.

Reste, douce Manacá, vaillante et lumineuse,

Brave les vents mauvais, les ronces dangereuses.

Sois l'étincelle d'or qui ranime nos matins,

L'espérance qui chante au milieu des chagrins.

Continue de rêver, d'éclairer nos jours,

Car sous ton pas fragile renaît toujours l'amour.

Par ta lumière, Manacá, tu fais germer en nos vies

La certitude profonde qu'un paradis ici fleurit.

Toi, mon frère qui ne fus pas le mien

Toi, mon frère, qui ne fus pourtant le mien,
Notre rencontre eut lieu sous un ciel divin.
À l'aurore d'un été vaste et flamboyant,
Nous étions enfants, cœur brûlant, rire battant.

Les oiseaux dans l'azur entonnaient leurs romances,
Éveillant dans les cœurs de tendres espérances.
Nous ne parlions point la même langue encore,
Mais ton regard criait : « Ami, viens dehors ! »

Ô mon frère, toi qui ne fus point de mon sang,
Tu m'accueillis parmi les tiens, fier et franc.
Avec ton frère Alain, dans nos rues bien grises,

Mais dorées pour nous, pleines de douces surprises.

Nous étions inséparables, âmes jurées,

Frères de jeu, de rêve et d'épopée sacrée.

Nous tissions mille fables aux parfums d'espérance,

Affrontant les aînés dans notre insouciance.

Flo, notre grand frère, pilier de loyauté,

Déjà prêt à fonder un foyer d'équité,

Riait avec nous d'une ardeur souveraine,

Comme un dieu protecteur au cœur de notre plaine.

Sous les cages de foot, nous bâtissions nos Empires,

Et la Ligue des Champions n'était que notre rire.

Ce que nous ignorions, portés par tant d'ardeur,

C'est qu'à rire ensemble, nous étions les vainqueurs.

Toi, Christopher, prince agile du ballon,

Tel Beckham, tu traçais ton art à l'horizon,

Tes coups francs éclataient comme un trait de lumière,

Tes passes effilées fendaient l'ombre et la poussière.

Nous partagions nos trophées, le cœur grand ouvert,

Semant dans le quartier des éclats de lumière.

Aujourd'hui, les tours du quartier ne sont plus,

Le Grand Pavois[1] a mis les voiles, disparu.

---

[1] Les trois tours emblématiques de Cenon, près de Bordeaux, étaient nommées Caravelle, Galion et Goélette. Ces bâtiments, construits dans les années 1960, formaient un ensemble résidentiel surnommé le Grand Pavois. Ce complexe était réputé pour sa diversité culturelle, avec des habitants de nationalités variées cohabitant dans une ambiance communautaire chaleureuse.

Le Galion, en particulier, était l'une des tours les plus reconnaissables du quartier. Cependant, dans le cadre d'un projet de renouvellement urbain, ces tours ont été progressivement démolies. C'est dans le Galion que je m'installa lorsque j'arrivai en France en juin 1998. J'y ai vécu pendant environ sept ans, au 11e étage, une période marquée par la découverte d'une nouvelle vie dans un quartier vivant et cosmopolite.

Le Galion, cette légende qui s'enfuit,

S'est perdu au large d'une autre nuit.

Mais nos souvenirs, ô toi mon frère d'honneur,

Vivent à jamais dans les creux de nos cœurs.

Tu as fait ta route, et moi la mienne ailleurs,

Tes enfants sont beaux, reflets de ta valeur.

Hélas ! la Grande Tristesse est venue frapper,

Sans que je n'aie pu, frère, te serrer.

Toi qui aimais la vie, toi, rire éclatant,

Tes yeux étaient des astres, ton cœur un grand chant.

Mais cette peine sourde a terrassé ton cri,

Et a vaincu l'enfant-lumière que tu fus, ami.

Christopher, ô frère parti bien trop tôt,

Que le Seigneur allège à jamais notre fardeau.

Et que ta grande âme trouve enfin la paix,

Dans les doux bras du Fils bien-aimé

À chaque Ève suffit sa peine

Rêveur que je suis, j'ai songé une nuit

À la condition humaine, triste domaine,

Née du péché originel qui nous priva de l'Éternel.

Amour quotidien, qui pourtant cheminait

Auprès d'Adam et de sa belle Ève ;

Aussi délicate que la sève de l'Arbre de Vie.

Ainsi va le destin que la vie nous offrit ;

Dans les livres sacrés, la parole révélée,

Devenue chair, aussi précieuse que la lumière des cieux.

Ainsi soit-il.

Dieu a tant aimé le monde qu'Il préparait l'immonde :

Son fils bien-aimé, sur la croix infâme,

Décida de porter sur lui le poids de la terre et de tous ses drames,

Pour nous sauver, nous inonder de son amour,

Afin que, de nouveau, nous soyons avec Lui,

Tous les jours, jusqu'à la fin des âges.

Puis-je croire être plus fort et plus sage qu'Adam ?

Non.

Nous n'aurions pas fait mieux ; moi aussi, je suis Adam,

Et toi, tu es Ève – ou l'inverse, qu'importe le fardeau.

Un jour pourtant, la voix errante du monde

M'interrogea en trombe, sans ombre ni voile :

« Toi, si tu avais eu le choix, serais-tu Ève ou Adam ?

Homme ou femme ? »

J'ai répondu, sans aucune retenue :

Je crois qu'il est plus dur d'être une femme ;

Car au-delà des tous les drames, elle porte en elle la vie.

Depuis la nuit des temps, elle endure,

Bien que cela perdure, toute la malice et les vices des hommes.

Plus grave raison : elle est l'essence même de l'émotion,

Son cœur est une chanson qui toujours espère,

Et jamais ne désespère d'avoir la foi,

Et de rencontrer un homme dont le cœur est Loi.

Alors, puisse chaque Ève trouver un Adam charmant,

Un cœur aimant, loyal et bienveillant,

Pour que s'unissent, plus forts et plus sages,

Leurs âmes à jamais dans l'éternité,

Cheminant ensemble sur un jardin doré,

Où l'été, radieux, chante l'éternel message.

La Tristesse Secrète

Ô Voyageur, puisses-tu ne jamais connaître,

La Tristesse Secrète, ce poids qui te dévore.

Car, même au printemps, quand Dieu met tout en fête,

Elle te courbe le dos, sans joie tu vois l'aurore.

Ton cœur ne vibre plus aux rires des enfants,

Leurs jeux t'indiffèrent, et leur joie t'abandonne.

L'espoir qui te guidait s'est perdu dans le vent,

Et ton âme se tait, quand ta chair s'abandonne.

Tu n'aimes plus le jour, ni la douceur des nuits,

Le vent sur ton visage est froid comme une lame.

Les chants des passereaux ne sont plus qu'un ennui,

Et l'écho du matin n'éveille plus ton âme.

Tu restes insensible aux gestes les plus doux,

Aux mets les plus exquis, aux parfums de la table.

Ni l'ombre d'un chagrin, ni le rire des fous

Ne remuent ton esprit, que la douleur accable.

Mais même quand le cœur semble enfin dépérir,

Sache que dans les creux, Dieu prépare des flammes.

Les plus belles fleurs peuvent encore surgir

Loin des champs cultivés, dans le secret des âmes.

Car Dieu n'est point un Homme, il ne saurait mentir,

Il veille dans la nuit, même au cœur du martyre.

Il soutient chaque pas que la peur fait fléchir,

Et reste à tes côtés jusqu'à la fin des Empires.

Les Noms Flamboyants

Je marche, pèlerin, vers mon dernier rivage,
Le pas lourd, le front haut, l'âme pleine d'éclats,
Vers ce lit inconnu, sombre et vaste héritage,
Où s'achève en silence le chant de mes combats.

Les hommes d'autrefois, que je crus ordinaires,
Portaient, sans le savoir, la grandeur des héros ;
Leur labeur, leur bonté, leur courage exemplaire
Rayonnent désormais au plus pur de mes mots.

Encrés dans ma mémoire, éternels, indomptables,
Ils veillent, lumineux, sur mes vers endeuillés ;
Leurs gestes quotidiens, si simples, admirables,
Font trembler l'infini sous mon humble cahier.

Qu'importe si mes rimes, modestes, vacillent,

Leur souvenir puissant les relève et les guide ;

Car, tant que je les dis, que ma voix les profile,

Ils vivent à jamais, loin du temps qui décide.

Ainsi va le poète, avançant vers la nuit,

Le regard en arrière, saluant les vaillants,

Ceux dont la vie secrète, aujourd'hui, me conduit

À tresser l'immortalité de leurs noms flamboyants.

La plume et le bâton

J'ai pris mon bâton lourd, ma plume et mon courage,

Un peu d'encre au matin, pour tracer mon passage.

France, doux nom qui chante au vent de nos vallées,

Toi qui vis tant de rois, tant de gloires foulées,

Hugo, Verlaine, Rimbaud, géants sur ta colline,

Ont marché, nobles cœurs, sur ta terre divine.

Moi, simple pèlerin, modeste dans l'arène,

Je médite en silence, la muse me ramène.

Leur ombre est vaste et fière, et je me sens petit,

Mais j'avance à leur suite, humble, le front soumis.

Ma muse, nul ne peut la nier ni la prendre,

Elle veille à mes mots, elle éclaire ma cendre.

Ô mes amis poètes, compagnons de la nuit,

Je vous aime et vous salue, dans ce vers qui s'enfuit.

Car si je suis bien peu, face à tant de lumière,

Je marche, j'écris, et la France est aussi ma terre.

Du Boson à la Croix

Jeune, j'ai médité sur les astres et la nuit,

L'histoire de la physique éveillait mon esprit.

Newton fut mon allié, compagnon de mes heures,

Et la quantique aussi, dévoilait ses lueurs.

Le boson de Higgs, le Big Bang, l'infini,

Les trous noirs d'Hawking, où s'égare le génie,

Toutes ces choses semblaient me dépasser souvent,

Mais je les devinais, sous mes doigts frémissants.

Les fractales, la nature, en tout je voyais Dieu,

C'était même certain, son empreinte en tout lieu.

Mais tombant à genoux devant la divine croix,

Mon âme illuminée s'écria : « Voilà mon Roi ! »

Tout cela soudain n'avait plus d'importance,
Je n'en avais que faire, Dieu scella l'alliance.
Depuis, mes jours sont doux, paisibles et comblés,
Et même si je tombe, Il m'a toujours relevé.

Jeunes amis, cherchez la face du Seigneur,
Le reste n'est que vent, vanité, peu de valeur.
Ombre et poussière, tout s'efface, tout s'enfuit,
Mais Jésus-Christ est la lumière dans la nuit.

Lorsque les feuilles des manguiers centenaires auront flétri

Lorsque les feuilles des manguiers centenaires auront flétri,

Le vent du soir, lassé, viendra bercer la pierre,

Quand l'ombre sur le sol doucement s'est enfuie,

Et que mon corps, enfin, dormira sous la terre.

Lorsque les fleurs, en pleurs, sur ma tombe auront fleuri,

L'aube effleurera l'herbe où la rosée s'amuse.

Dis-moi, Jacarandá, toi dont l'âme jamais n'a fui,

Me pleureras-tu, quand la nuit deviendra confuse ?

Le monde, vaste abîme, oubliera mon visage,

Mais garderas-tu, toi, l'éclat de ma lumière ?
Entendras-tu ma voix portée par le nuage,
Quand l'oubli doucement referme la pierre ?

J'ai vu mourir les rois, j'ai vu le temps passer,
Les océans briser leurs antiques rivages,
Mais rien, non, rien n'égale ton regard enlacé,
Ta voix qui défiait les plus sombres orages.

Si l'univers s'effondre et que tout se retire,
Si l'homme las de vivre abdique tout espoir,
Sache, ô toi que j'adore, que l'amour peut écrire
Dans le livre du Ciel notre immortel devoir.

Pleure-moi, si le cœur te le dit, sans contrainte,
Tes larmes seront pour moi des perles consacrées.

Et si Dieu le permet, oubliant toute crainte,

Je viendrai sécher tes pleurs, douce âme adorée.

Oasis

Au seuil du sommeil, l'ombre douce s'installe,
Le monde se suspend, la pensée devient pâle.
Morphée tend ses bras, et le silence s'étend,
L'âme se dissout dans un berceau flottant.

Des funambules d'or marchent sur l'abîme,
Leur danse tisse au ciel un silence sublime.
Nous croyons voir le vrai dans ces arcanes lunaires,
Mais c'est l'ombre qui parle à travers la lumière.

Le mirage se brise, révélant un secret.
Sept souffrances arrivent, le sel ouvre les plaies.
Mais dans l'athanor, une violette jaillit,
Signe de la paix dans l'argile, ainsi nourrit.

Oasis retrouvée, au seuil du dernier voile,

Là où tout recommence sous de nouvelles étoiles.

Ce que l'on nommait rêve n'était qu'un mirage,

La vérité, qui la connaît ? Pas même un sage !

Jacarandá

Tes prunelles, mystères, abîmes sans contours,
D'un vert inclassable aux reflets de velours,
Portent un souffle pur venu des hauteurs,
Un parfum de lumière, une brume de bonheur.

Je n'ai pas vu ton feu se lever au matin,
Mais j'ai vu ton esprit chercher un vrai chemin.
Et nul ne fut jamais assez digne pour l'entendre,
Hormis Toi, Seigneur, seul apte à la comprendre.

J'ai vu ses grappes pleurer, comme un ciel penché,
Trompettes déclinant en soupirs arrachés.
Le vent me les porta — ou l'Esprit ? Je ne sais —
Mais leur plainte enfiévra ma gorge et mon palais.

Son cœur est un cantique, une toile infinie,
Peignant des cieux nouveaux, des aurores bénies.
Toujours elle espère, aux portes de l'Éternel,
Qu'un homme digne enfin vienne sous son appel.

Mais nul ne saurait suivre son noble chemin,
Ni même un juste, un pur, un pieux ancien.
Et dans un songe étrange, au creux de l'univers,
J'ai perçu son appel traverser l'éther.

Dieu m'a prêté ses yeux, l'espace d'un instant,
Pour contempler ton éclat, vibrant et brillant,
Flamboyant bleu du ciel ; une splendeur irréelle,
Mon âme en fut troublée, tremblante et solennelle.

Mais peut-être était-ce un mirage mouvant,

Une oasis de rêve, emportée par le vent.

J'ai voulu marcher droit, mais j'allais en arrière,

Deux pas vers la lumière, un vers la poussière

J'ai cru, pauvre insensé, défier mes aïeux,

Porteurs de douleurs, de silences pieux.

Mais je ne suis qu'un homme, sans refuge ou chaleur,

Un passant que Dieu tolère pour une heure.

Mais jamais — ô jamais — je n'eus l'audace de trahir,

Ce n'est pas mon corps, mais mon cœur qui me fit périr.

L'adultère le plus lourd, celui qui brise l'âme,

Est celui du cœur, dont nul n'éteint la flamme.

Nu, sans toit ni repos, l'âme désespérée,

Je gisais naufragé sur la rive effacée.

Je suis tombé si bas que l'abîme, irrité,

N'a daigné m'engloutir dans son immensité.

Désormais, pieds nus, le sable susurre ton pas.

Ton image revient, me parlant tout bas.

Le vent dans les feuillages murmure ton nom,

Et l'écho des brindilles ranime cette vision.

Et seule ma dulcinée, par grâce ou mystère,

Vint rallumer en moi une flamme légère.

Mais Jacarandá, dis-moi ce que vit ton regard —

Un homme ? Un reflet ? Un fragment de hasard ?

Je questionne les arbres, les frêles chenilles,

Et les ailes poudrées d'or effleurant les myrtilles :

« Seigneur, dis-moi, je t'en implore à genoux —

Quand rêverai-je encor ce visage si doux ? »

Un monde sans Amour

Un été sans chaleur, un printemps sans éclat,

Un ciel sans étoiles, où l'aube ne vient pas,

Un enfant sans rires, un regard sans lueur :

Voilà comment je me sens, sans cette douce ardeur.

Un hurlement muet, tapi dans le non-dit,

Une prison sans barreaux, où tout espoir fuit,

Un soleil sans éclat, sans lumière à donner,

Une lune sans mystère, égarée dans la nuit sacrée.

Du pain sans partage, dans le vide il s'effrite,

Une table déserte, où le cœur hésite,

Un verre solitaire, que partage son âme :

Voilà comment je me sens, privé de cette flamme.

Un monde sans amour, comme une mer sans eau,

Un souffle sans vent, un poème sans écho.

Loin de tout ce qui brille, loin de toute couleur,

C'est dans l'absence d'amour que réside ma douleur.

Un tronc, une pierre : c'est la fin du chemin.

Un désert sans sables, la misère sans minables,

Un sommeil sans repos, une nuit sans fin,

Un chagrin sans larmes, un supplice acceptable,

Une fleur sans odeur, un pays sans drapeau,

Le vide sans espace, un mois de mars sans eaux.

Le Dernier Rivage

Voilà, voyageurs, nous voici au dernier rivage ;
Les derniers vers d'un poète qui te livre son visage.
C'est ici que s'éteint, sans faste et sans fanfare,
Le murmure d'un cœur qui s'endort dans le noir.

Tu as suivi mes pas, mes doutes, mes clartés,
Les cris et les silences de mes cieux agités.
Tu m'as lu, patient, quand la rime vacillait,
Et quand, dans mes douleurs, une lumière brillait.

Je ne suis qu'un passant, un rêveur sur la route,
Avec l'encre pour foi, l'espérance pour voûte.
Je ne suis pas un sage, ni prophète, ni roi,
Mais un homme debout, qui se dévoile à toi.

Alors, permets qu'en paix, je t'ouvre ce dernier,

Ce vers comme un soupir que l'âme vient signer.

Tu tiens entre tes mains un peu plus que des pages :

Un fragment de mon âme, le souffle d'un message.

Je t'ai tout confié, sans fard, sans armure,

Mes prières, mes chagrins, mes éclats, mes blessures.

Et si, dans un recoin, un mot t'a réchauffé,

Alors mon long labeur n'aura pas vacillé.

Va, marche à ton tour, et garde, s'il t'en plaît,

Un souffle de mes chants, comme on garde un secret.

Et lorsque viendra l'ombre, n'oublie pas ce refrain :

Ce n'est point la fin, non, c'est un autre matin.

FIN